사춘기 성장 사전

사춘기 성장 사전

박성우 글 · 애슝 그림

창비

> 내가 잘하는 건 뭘까?

여러분은 어떤 친구를 사귀며
어떤 미래를 열어 가고 싶나요?

우린 모두 특별하고 개성 넘치는 존재입니다.
사춘기인 우리는 자신의 모습을 되돌아보며
배우고 성장합니다.
때론 다투거나 화해하기도 하면서
내일을 꿈꾸고 도전합니다.

힘든 하루인가요,
괜찮은 하루인가요.
오늘 만난 세상도 내일 만날 세상도
찬란하면 좋겠습니다.

『사춘기 성장 사전』은
개성을 표현하는 '곰살갑다'부터
모두 함께 어울려 살아가는 '평화'까지
사춘기의 성장에 관련된 말 62개를 소개한 책입니다.

우정, 성찰, 배움, 도전 등 성장과 관련된 여러 말과
그 말이 쓰이는 상황을 알아보세요.
각 페이지의 그림은 단어의 뜻을
더욱 생생하게 이해할 수 있도록 도와줍니다.

이 책을 통해 여러 다양한 어휘를 익히고
사춘기에 우리가 얼마나 훌쩍 자라날 수 있는지
함께 생각하고 꿈꿔 볼 수 있으면 좋겠습니다.

내일은 어떤 날이 펼쳐질까?

차례

개성 표현하기

- 012 **곰살갑다** 다정한 내 모습
- 014 **과감하다** 망설이지 않고 딱!
- 016 **느긋하다** 뭐 하러 걱정해
- 018 **내향적** 조용조용 줏대 있게
- 020 **덤벙거리다** 아는 문제를 또
- 022 **사교성** 우리 친구 할까?
- 024 **세심하다** 챙겨 줘서 고마워
- 026 **진솔하다** 솔직한 게 좋아
- 028 **호기롭다** 바로 부끄러워졌지만
- 030 **활달하다** 인사는 씩씩하게

좋은 친구 사귀기

- 034 **각양각색** 우리는 다 특별해
- 036 **막역하다** 너와 나 사이
- 038 **만끽하다** 이럴 때 노는 거지
- 040 **소원하다** 우리 왜 멀어졌니
- 042 **시시덕거리다** 실없이 킥킥
- 044 **신의** 너도 나 믿지?
- 046 **유일무이** 마치 기적처럼
- 048 **허물없이** 방귀도 텄다
- 050 **호의** 내 노트 봐도 돼
- 052 **흔쾌히** 오늘부터 1일

2

내 모습 돌아보기

- 056 **겸연쩍다** 문을 쾅 닫고 나서
- 058 **권태롭다** 재밌는 일 없나
- 060 **냉소적** 비웃어서 미안해
- 062 **말본새** 버릇없이 굴고 말았어
- 064 **불화하다** 예전의 나는 어디에
- 066 **생사람** 오해가 자꾸만 커져서
- 068 **성찰하다** 오늘 하루를 돌아보니
- 070 **쩨쩨하다** 벼룩의 간을 빼먹지

3

배우고 성장하기

4

- 074 **견주다** 선의의 경쟁
- 076 **귀감** 나에게도 이런 모습이?
- 078 **미진하다** 알면 알수록 어려운 일
- 080 **박식하다** 모르는 게 없어
- 082 **악착같이** 조금만 더 힘을 내
- 084 **어깨너머** 서당 개 삼 년이면
- 086 **진득하다** 끈기의 힘
- 088 **청출어람** 나도 선생님처럼

싸우고 화해하기

5

- 092 **결백하다** 내 말 좀 들어 봐
- 094 **눈시울** 눈물이 핑
- 096 **만감** 후회되고 미안하고
- 098 **만회하다** 이제 속 안 썩일게요
- 100 **멋쩍다** 내가 칭찬을 다 듣고
- 102 **바늘방석** 거짓말하다 걸려서
- 104 **토로하다** 속 시원하게
- 106 **한결** 마음이 편해졌어

꿈꾸고 도전하기   6

- 110 **갈고닦다** 언젠간 실력 발휘!
- 112 **고진감래** 고생 끝에 낙이 온다
- 114 **과부하** 내 마음 작동 오류
- 116 **모색하다** 난 무엇이 될까
- 118 **몰두하다** 초집중!
- 120 **사기충천** 하늘을 날 것 같은 기분
- 122 **자화자찬** 충분히 잘하고 있으니까
- 124 **잠재력** 나한테 재능이 있다고?

세상과 만나기   7

- 128 **각축** 누가 이기려나
- 130 **고즈넉하다** 혼자만의 시간
- 132 **기품** 이제 어린애가 아니니까
- 134 **매료되다** 이렇게 좋은 음악이?
- 136 **몰지각** 너무하는 거 아니에요
- 138 **문외한** 모르는 게 잘못은 아니지만
- 140 **소신** 믿고 실천할 거야
- 142 **왈칵** 감동의 순간
- 144 **탐욕** 욕심은 이제 그만
- 146 **평화** 우리가 함께 만드는 거야

망고에는 망고만의 색과 향이 있고,
멜론에는 멜론만의 색과 향이 있습니다.
저마다 지닌 고유한 성질이 달라서 그런데요.
마찬가지로 얌전한 고양이가 있는가 하면
애교 많은 고양이도 있듯,
내향적인 사람이 있는가 하면
곰살갑고 활달한 사람도 있습니다.
세심한 사람이 있는가 하면
덤벙거리는 사람도 있고 호기로운 사람도 있습니다.
이처럼 사람은 성격이 다르고 자신을 표현하는 방식도
다 다르기 마련이에요.
과연 우리는 어떤 개성으로 내일을 열어 가며
자신만의 색깔과 향기를 키워 갈까요.

1 개성 표현하기

곰살갑다, 다정한 내 모습

"사랑해요, 엄마! 아니, 어머님!"
"얘가 오늘 왜 이래?"
　└ 용돈을 올려 준 엄마한테 큰절까지 하며 내 마음을 전했어.

"먹을 만해?"
"아빠 요리 솜씨는 세계 1등이잖아. 아니, 우주 1등!"
　└ 엄지를 세워 보이며 아빠 요리를 칭찬했어.

수학 문제를 물어보는 짝에게
기본 풀이부터 친절하고 상냥하게 알려 줬어.

이런 나, 뭔가 좀
곰살가워 보이지 않아?

난 너무 무뚝뚝한 것 같아.
잘될지는 모르지만 나도 좀 다정하게 굴어 봐야겠어.

곰살갑다

「**형용사**」 태도나 성격이 부드럽고 다정하다.

과감하다, 망설이지 않고 딱!

"잘 가라, 게임!"
　└ 어느 날 게임을 딱 끊고 굳센 의지로 책을 펼쳤어.
　　근데 손가락이 좀 근질근질하긴 해.

"다른 사람들이 널 못살게 굴면 좋겠냐?"
　└ 나보다 훨씬 힘이 센 애에게 친구를 괴롭히지 말라고
　　당당하게 얘기했어.

'오늘은 몇 번으로 가지?'
　└ 모르는 문제 앞에서 더 갈등하지 않고 3번을 딱 찍었어!

내 나름대로
과감하다고 할 수 있겠지?

대차게 고백했다가 보기 좋게 딱지 맞을 확률이 거의 백 퍼센트.
그래도 이번 기회에 좋아한다는 말이라도 한번 해 볼까?

과감하다

「**형용사**」 주저하지 않고 일을 딱 잘라서 할 수 있고 용감하다.

느긋하다, 뭐 하러 걱정해

"큰일 났어. 영어 시간에 쪽지 시험 본대!"
"그래? 수업 시간도 줄고 좋지 뭐."
  └ 시험 따위에 절대 졸지 않는 정민이를 봐.

"아, 한 발만 빨랐어도 타는 건데!"
"친구야, 삼십 분만 있으면 또 오잖아."
  └ 간발의 차이로 버스를 놓치고도 여유 만만한 영채를 봐.

"와, 점심시간이다!"
  └ 5교시 수업 때 발표를 해야 하지만 우선 밥이라도
    마음 편히 먹자 싶어.

미리 걱정해서 뭐 하냐는 생각이 들어!

그래, 사춘기 뭐 있어?
즐겁고 신나게 보내면 그만이지!

느긋하다

「**형용사**」 마음이나 태도가 급할 것 없이 여유롭다.

내향적, 조용조용 줏대 있게

'나도 풀 줄 아는데!'
　└ 선생님의 질문에 바로 대답하진 못했지만
　　　아는 문제가 나와서 속으로 기분이 좋았어.

'이건 나만 보는 거야!'
　└ 비밀 다이어리에 나만 알아볼 수 있는 글자로 메모를 해.

"나는 그냥 집으로 갈게."
　└ 어떤 날은 애들이랑 어울리기보다 혼자 있고 싶어.

사실 난 조용한 내 모습도 좋아!

속마음을 겉으로 다 표현하진 못하지만
친구야, 내가 너 좋아하는 거 알지?

내향적

「관형사·명사」(1) 겉으로 표현하기보다 마음속으로 생각하는 일이 많고 혼자 있기를 좋아하는. 또는 그런 것.
(2) 안쪽으로 향하는. 또는 그런 것.
(3) 외면보다는 내면적인 것을 중요하게 생각하는. 또는 그런 것.

혼자서 음악 들을 때가 제일 좋더라!

덤벙거리다, 아는 문제를 또

'맞아! 오늘 왕갈비 나오는 날이지.'
└ 점심을 빨리 먹으려고 급식실로 달려가다가 엎어졌어.

'하아, 이거 내가 아는 문제잖아.'
└ 문제를 다 읽지도 않고 풀었다가 뻔히 아는 걸 틀렸어.

"와, 함박눈 온다!"
└ 눈 온다고 들떠서 촐랑대다가 계단에서 미끄러졌어.
　아이고, 나 언제까지 굴러야 하는 거지?

덤벙거리지 않고
차분하면 얼마나 좋겠어.

난 덤벙거리다가
버스에 가방을 두고 내린 적도 있어.

덤벙거리다

「**동사**」들뜬 모습으로 함부로 서두르고 바쁘게 움직이다.

사교성, 우리 친구 할까?

'와, 금방 친해지네.'
　└ 지난주에 전학 온 동민이가
　　나보다 우리 반 애들 이름을 더 많이 아는 것 같아.

"네가 오빠들을 어떻게 만났어?"
　└ 내가 좋아하는 아이돌이랑 보라가 같이 사진을 찍었대.

"우리 집 가서 놀래?"
　└ 정진이는 매일같이 다른 애들을 집에 데려가 놀곤 해.

특히 난 외동이라 그런지
사교성 좋은 애들이 부러울 때가 많아!

네가 너그럽고 상냥하지 않았다면
우린 친해지지 못했을 거야.

사교성

「**명사**」(1) 남과 사귀기를 좋아하거나 쉽게 가까워지는 성질.
(2) 사회나 집단을 형성하려는 인간의 성질.

세심하다, 챙겨 줘서 고마워

"오늘은 순한 맛으로 먹자!"
  ㄴ 내가 매운 음식을 잘 못 먹는 것을 아는 지민이가
    안 매운 떡볶이를 주문하자고 해.

"열이 좀 있는데, 괜찮아?"
  ㄴ 수업을 하던 선생님이 아파하는 나를 보고
    보건실에 가 보라고 챙겨 주셨어.

"너 생리대 안 가져왔지?"
  ㄴ 갑자기 생리가 시작된 날, 여진이가 생리대를 빌려줬어.

배려해 줘서 고마워!

너의 세심함을 볼 때면
어쩐지 내 마음까지 따뜻해지는 것 같아!

세심하다

「**형용사**」 작은 일을 대할 때도 꼼꼼하고 주의 깊다.

꼼꼼히 구석구석 닦아 줄게요.

아기한테는 세심한 관심이 필요해.

진솔하다, 솔직한 게 좋아

"학원에서 몇 시에 나왔어?"
　└ 학원에 안 가고 뭐 했는지 솔직하게 말했어.

"이게 넘어져서 생긴 상처라고?"
　└ 불량한 형들이 어떤 폭력적인 행동을 했는지
　　 거짓 없이 얘기했어.

"그때 왜 그런 말을 했어?"
　└ 친구의 말에 다짜고짜 화부터 내지 않고
　　 찬찬히 대화를 나눴어.

그래,
진솔하게 말하길 잘했어.

솔직하게 다 털어놓고 나면
마음이 편해지는 것 같아!

진솔하다

「**형용사**」 말이나 행동, 태도가 진실하고 솔직하다.

일기를 쓸 때만큼은 솔직해져.

호기롭다, 바로 부끄러워졌지만

"거의 태권도 국가 대표 선수 같지?"
　└ 여자 친구 앞에서 내 발차기 실력을 보여 주는데
　　어디서 부욱 바지 찢어지는 소리가 나.

"야, 토론하고 있었다고 하면 되잖아."
　└ 친구랑 도서관에서 떠들다 걸려서 끌려 나갔어.

"시험 잘 봤어?"
　└ 수학은 자기가 최고라고 우기던 짝이
　　나보다 더 낮은 점수를 받았어.

너무 호기롭게 굴다가
된통 당하는 수가 있으니 조심해야 해!

아무 때나 나대면서 잘난 척하기 금지!

호기롭다

「**형용사**」(1) 거리낌이 없고 씩씩하다.
(2) 우쭐하고 잘난 체하며 뽐내는 면이 있다.

활달하다, 인사는 씩씩하게

"안녕하세요, 선생님!"
　└ 교문 앞에서 만난 선생님한테 싱글벙글 다가가
　　 큰 소리로 씩씩하게 인사했어.

"우리 내일 또 할까?"
　└ 운동장에서 처음 만난 애들과 어울려 신나게 농구를 했어.

"할머니, 내가 있으니까 든든하지?"
　└ 집에 오는 길, 할머니 가게에 들러서 일을 도와드리고
　　 함께 가게 문을 닫았어.

그래, 맞아.
움츠려 있기보다는
활달한 게 좋은 것 같아!

나도 짜증만 낼 게 아니라
밝게 웃으며 지내야겠어.

활달하다

「**형용사**」(1) 기운이 넘치고 의젓하다.
(2) 마음 씀씀이가 넓고 크다.

은어는 은어끼리 몰려다니며 은빛으로 빛나고
우리는 우리끼리 몰려다니며 금빛으로 빛납니다.
은어는 은어끼리 모여 강물을 거슬러 오르고
우리는 우리끼리 모여 힘찬 내일을 열어 갑니다.
말하자면 우리는 같으면서도 다른
아주 특별한 존재들인데요.
친구는 내 마음을 알아주기도 하고
내 부족한 부분을 채워 주기도 합니다.
차마 말할 수 없을 것 같던 고민을 들어 주기도 하고
엉망이던 기분을 풀어 주기도 합니다.
둘도 없는 막역한 사이가 되어 늘 붙어 다니기도 하고요.
외롭고 힘들거나 기쁠 때
좋은 친구가 곁에 있기를 바랍니다.

2

좋은 친구 사귀기

각양각색, 우리는 다 특별해

'와, 눈 뜨고 자는 기술이라니?'
└ 5교시 수업 시간, 초집중하는 애들이 있는가 하면
꾸벅꾸벅 졸다 머리를 흔드는 애들도 있어.

아나운서, 웹툰 작가, 우주 과학자, 중식 요리사, 아이돌…….
장래희망이 제각기 다른 친구들이 모여 저마다 꿈을 향해 달려가.

공을 잘 차는 애들, 공이 날아오면 일단 피하고 보는 애들,
헛발질을 하다 넘어지는 애들 모두 함께 모여 축구를 해.

그야말로 각양각색이라는
생각이 들어.

우린 조금씩 다른 모습이지만
저마다 다른 빛깔을 내면서 반짝이고 있어!

각양각색

「**명사**」 서로 다른 여러 가지 모양과 색깔.

모두 달라서 아름다워!

막역하다, 너와 나 사이

"그냥 자고 갈까?"
  ㄴ 민호는 아무 때고 우리 집에 놀러 와 자고 가기도 해.

"오늘은 내가 쏠게."
  ㄴ 유치원 때부터 친구인 정연이와 함께 돈가스를 먹으러 가.

"좋아하는 아이돌이 바뀌었네!"
  ㄴ 혜진이는 내가 좋아하는 게 뭔지, 싫어하는 게 뭔지 다 알아.

우리는 점점 더
막역한 사이가 되는 것 같아.

기분이 별로이다가도
친한 친구를 만나면 금방 좋아져!

막역하다

「**형용사**」 서로 눈치 볼 것 없이 아주 친하다.

우린 제일 친한 친구 사이야.

만끽하다, 이럴 때 노는 거지

"우리 저기 끝까지 달려 보자."
ㄴ 친구들과 바닷가를 뛰어다니며 크게 소리를 질렀어.

"와, 바지 터질 것 같아."
ㄴ 친구 엄마가 해 준 라볶이를 우리가 전부
깔끔하게 먹어 치웠어.

"우리 학교엔 왜 '막춤 대회' 같은 건 없지?"
ㄴ 학교 축제에 나가 노래 실력과 춤 실력을 마음껏 발휘했어.

이럴 때 아니면
언제 만끽하며 놀 수 있겠어.

그래, 쉴 수 있을 때 실컷 쉬고 놀 수 있을 때 실컷 노는 거야!
근데 공부는 언제 하지? 크크.

만끽하다

「**동사**」 (1) 마음껏 느끼고 즐기다.
(2) 마음껏 먹고 마시다.

승리의 기쁨을 만끽했어.

소원하다, 우리 왜 멀어졌니

"나 오늘 여자 친구랑 약속 있어."
　└ 전에는 매일 만나던 석훈이를 석 달에 한 번 볼까 말까 해.

'요샌 별로 흥미가 없네.'
　└ 진짜 열심히 하던 동아리 활동을 거의 안 하게 됐어.

'너무 오랜만에 봐서 그런가?'
　└ 엄청 친했던 애랑 오랜만에 만났는데 별로 할 말이 없어.

우리 사이가 너무
소원해졌다는 생각이 들어.

그리고 보니 예전에 친했던 애들이랑
지금 친한 애들이랑 좀 다르네.

소원하다

「형용사」 서로 가깝게 지내지 않아 거리를 느끼고 어색하다.

시시덕거리다, 실없이 킥킥

"진짜 웃기던데, 너도 그거 봤어?"
　└ 애들이랑 어제 본 개그 프로그램 얘기를 하며 웃고 떠들어.

"너 먼저 짜 주고 나도 짜 달라 한다니까?"
　└ 이마에 난 여드름을 서로 먼저 짜 주겠다며 키득거려.

"야, 너도 해 봐."
　└ 친구랑 어묵 국물에 뿌려진 김 가루를
　　앞니에 붙이고 와하하 크게 웃어.

우리도 모르게 그만
시시덕거리고 말았어.

너무 실없어 보인다고?
에이, 웃으면 복이 온다고 하잖아!

시시덕거리다

「**동사**」실없이 웃으면서 조금 큰 소리로 떠들다.

신의, 너도 나 믿지?

"오늘은 내가 팝콘도 살게."
　└ 다음에는 네가 쏘겠다는 말을 믿고
　　 내가 영화표와 팝콘을 샀어.

'너라면 이 얘길 해도 될 것 같아.'
　└ 너의 무거운 입과 우리의 의리를 믿고
　　 내 비밀 얘기를 털어놓았어.

'내가 아는 넌 절대 남의 물건에 손을 대는 애가 아니야.'
　└ 우리가 서로를 진심으로 믿는다는 걸 느낄 수 있어.

우리의 신의는 더욱 두터워지겠지?

그래, 우린 서로 믿으니까.
우린 서로 지킬 건 지키니까!

신의

「**명사**」 믿음과 의리를 이르는 말.

약속을 잘 지키는 사람이 되고 싶어.

유일무이, 마치 기적처럼

'스무 살이 되면 첫 키스를 하자고 할까?'
└ 내 첫 키스의 상대는 오직 너여야 한다는 생각이 들어.

'너한테는 모든 걸 다 줘도 아깝지 않을 거 같아.'
└ 잠들기 전, 누구보다도 친한 친구인 정인이를 떠올려 봐.

"그게 가능한 얘기야?"
└ 답안지에 마킹을 한 칸씩 밀려서 하는 바람에
  최고점을 맞게 되었다는 전설 같은 얘기를 들었어.

세상에 둘도 없는 이야기지?

명심하고 들어.
내 사랑은 오직 너뿐이야!

유일무이

「명사」 딱 하나뿐이고 둘은 없음.

친구가 세상에 하나뿐인
목도리를 떠 줬어!

허물없이, 방귀도 텄다

'우린 방귀 튼 사이야.'
　┗ 수줍음 많기로 소문난 은정이가 내 앞에서는
　　방귀를 아무렇지 않게 뀌어.

"둘이 받은 점수를 합치면 우리가 일등일 텐데."
　┗ 성민이와 성적표를 바꿔 보며 키득키득 서로를 격려해.

'잠깐만, 있어 봐.'
　┗ 급식을 먹고 나오다 친구 입가에 묻은 고춧가루를 떼어 줘.

너와 내가 허물없이
가까워졌다는 걸 알게 돼.

체면이고 뭐고 없는
우리 너무 친해서 탈이야.

허물없이

「**부사**」 서로 친해 눈치를 보거나 조심할 필요 없이.

호의, 내 노트 봐도 돼

"우산 안 가져왔어?"
　└ 비 오는 날, 선배가 우산을 같이 쓰고 가자고 해 줬어.

"이거 보고 써!"
　└ 졸다가 필기를 못 했는데 짝꿍이 노트를 보여 줬어.

"우리 집에 가서 옷 갈아입고 갈래?"
　└ 집이 좁아서 한 번도 친구를 불러 본 적 없다던 네가
　　농구를 하다 옷이 젖은 나를 데려가 티셔츠를 빌려줬어.

너의 호의를 내가
어떻게 잊을 수 있겠니?

정작 너는 잘 모를 거야.
네 마음이 얼마나 착하고 예쁜지.

호의

「**명사**」 친절하고 착한 마음씨. 또는 좋은 쪽으로 생각해 주는 마음.

흔쾌히, 오늘부터 1일

"우리 사귈까?"
└ 떨리는 목소리로 고백했더니 네가 웃으며
"그럼 오늘부터 1일이네." 말했어.

"맘에 들면 너 가질래?"
└ 친구가 아끼는 머리 끈을 나한테 선뜻 선물해 줬어.

"나 사실 그 애 좋아해."
└ 수학여행에서 비밀 얘기를 나누기로 했는데
친구가 스스럼없이 자기 얘기를 털어놓았어.

흔쾌히 말하고 행동하는 너를 보면
어쩐지 나도 막 기분이 좋아져!

내가 뭘 하자고 하면
너는 언제나 웃으면서 흔쾌히 그러자고 하곤 했지.

흔쾌히

「부사」 기쁘고 즐겁게.

배추흰나비는 온몸으로 팔랑거려
자신이 가야 할 길을 하얗고 환하게 열어 갑니다.
엉겅퀴는 보랏빛 볕을 아침저녁으로 모아
기어이 자줏빛 꽃을 피워 냅니다.
배추흰나비에게는 그 나름 귀여운 것 같기도 하고
어쩐지 징그러운 것 같기도 한 애벌레 시절이 있었을 테고,
엉겅퀴에게는 막막한 줄기를 밀어 올리며
그저 따끔거리는 가시나 불쑥불쑥 내밀던 때가 있었겠지요.
어째 우리가 오늘을 지나는 모습과
별반 달라 보이지 않는 것 같습니다.
이미 해 버린 말이나 행동이 왠지 쩨쩨하고
겸연쩍게 느껴질 때도 있을 테지만
문득 돌아보는 내 모습이,
마냥 부끄럽지는 않았으면 합니다.

3
내 모습
돌아보기

겸연쩍다, 문을 쾅 닫고 나서

아빠랑 얘기하다가 문을 쾅 닫고 방에 들어갔어.
└ '어휴, 이렇게 세게 닫으려던 건 아닌데.'

'아, 난 왜 이렇게 생각이 짧지.'
└ 할머니랑 둘이 사는 애 앞에서
　 엄마 아빠 자랑을 엄청 하고 말았어.

'외모를 가지고 놀리는 건 좋지 않은데.'
└ 살을 빼고 싶다는 친구한테 아무 말이나 막 하고 말았어.

생각 없이 말하고
생각 없이 행동하고 나면
막 겸연쩍어져!

돌아서면 어색해지고 미안해지는 말이나 행동,
앞으론 줄이고 싶어.

겸연쩍다

「**형용사**」 쑥스럽거나 미안한 마음에 부끄럽고 어색하다.

권태롭다, 재밌는 일 없나

'아, 밥 먹는 것도 귀찮아.'
　└ 쉬는 날 내내 혼자 방에 틀어박혀서 빈둥빈둥 지냈어.

'오늘은 또 어떻게 버티나?'
　└ 1교시 수업이 시작되기도 전에 학교가 따분하게 느껴져서
　　얼른 집에나 갔으면 좋겠다는 생각이 들었어.

'내가 지금 여기에 왜 앉아 있는 거지?'
　└ 매일 억지로 학원에 나가 멍하니 앉아 있어야 해.

이럴 때 정말
일상이 권태롭게 느껴지지 않아?

너랑 나한테는 상큼하고 신나는 일만
많이 생기면 좋겠다. 그치?

권태롭다

「**형용사**」 싫증이나 게으름이 나고 나른하다.

냉소적, 비웃어서 미안해

엄마가 얘기 좀 하자는데
"난 엄마랑 할 얘기 없는데!" 하고 대꾸했어.

매번 같은 옷을 입고 나오는 친구한테
"야, 너는 옷이 그거 하나뿐이냐?" 업신여기며 말하고 말았어.

공부하던 동생이 뭘 물어오는데
"야, 공부 잘해 봐야 아무 소용 없어." 차갑게 말을 뱉었어.

이럴 땐 정말 내가 너무
냉소적이라는 생각이 들어.

내가 누군가를 업신여기면,
나도 똑같이 누군가에게 업신여김을 당하고 말겠지?

냉소적

「관형사·명사」 관심 없이 쌀쌀한 태도로 비웃는. 또는 그런 것.

말본새, 버릇없이 굴고 말았어

"핏, 저는 잘 모르겠는데요."
　└ 선생님이 진지하게 묻는데 딴짓하면서 버릇없이 대답했어.

"야, 죽고 싶어?"
　└ 걸핏하면 주먹을 쥐어 보이며 말하는 애들도 있어.

"아, 신경 끄고 가던 길이나 가세요!"
　└ 지나가던 어른이 담배 좀 피우지 말라고 하니까
　　침을 찍찍 뱉으며 대드는 나쁜 형을 봤어.

이런 말본새는
고쳐야 하지 않을까?

그래, 말은
그 사람의 인격이라고 하잖아.

말본새

「**명사**」 말하는 태도나 모양새.

불화하다, 예전의 나는 어디에

"말 잘 듣고 예쁘던 우리 애는 어디 갔니?"
  └ 엄마가 뭘 물어봐도 대답도 안 하고 입을 다물어.

"야, 너랑은 말도 섞고 싶지 않아!"
  └ 먼저 사과하는 친구에게 말을 툭 쏘고 말았어.

'웬 트집. 공부 좀 하면 다야?'
  └ 공부 잘하는 누나와 하루가 멀다 하고 싸우고 있어.

이렇듯 불화하게 되니
내 마음도 불편해.

다투지 않고 지내는 게 좋다는 건 알지만
그게 잘 안 될 때가 있어.

불화하다

「**동사**」 서로 사이좋게 지내지 않거나 마음을 잘 모으지 못하다.

생사람, 오해가 자꾸만 커져서

"너 내 답안지 훔쳐보려고 그랬지?"
　└ 친구를 오해해서 온종일 닦달하며 괴롭혔어.

친구더러 영어 발음이 이상하다고 놀렸는데
사실 그 애 발음이 더 정확한 걸 뒤늦게 깨달았어.

"저기, 저리 좀 비켜 줄래?"
　└ 나를 좋아해서 치근대는 줄 알았는데
　　개는 정말 별 뜻이 없었대.

아, 정말이지
생사람을 잡고 말았잖아!

아무렇게나 넘겨짚고 나쁜 사람으로 몰아가는 건
정말 온당하지 않은 것 같아.

생사람

「**명사**」아무 잘못이나 관계가 없는 사람.

성찰하다,
오늘 하루를 돌아보니

'내가 선생님이었다면 참지 못했을 거야.'
└ 좋은 말로 나를 타이르던 선생님한테
　　대들기만 한 나를 돌아봐.

쉬는 날도 없이 일하는 엄마 아빠를 떠올리면서
아침마다 짜증만 내는 나를 되돌아봐.

힘없는 친구 앞에서 주먹을 내밀며
때리는 시늉까지 하고 만 나를 뒤돌아봐.

오늘 하루를 돌아보면
내가 막 부끄러워질 때가 있어.

문득 뒤돌아보았을 때
내가 지나온 길이 빛나고 있으면 좋겠어.

성찰하다

「**동사**」 자기의 마음을 돌아보거나 지난 일을 반성하고 살피다.

쩨쩨하다,
벼룩의 간을 빼먹지

친구가 잠깐만 보자고 해도
노트를 절대 보여 주지 못하겠다고 치사하게 굴었어.

하나 남은 김밥을 동생이 먹었다고 막 짜증을 냈어.
 "누나가 배부르다고 해서 내가 억지로 먹은 거잖아!"

내 성적이 오르기 전에는
용돈이고 뭐고 일절 없을 거라는 말을 들었어.

이럴 땐 정말 쩨쩨해 보이지 않아?

그래, 난 치사하고 쩨쩨하게 살지 않을 거야.

쩨쩨하다

「**형용사**」(1) 돈을 지나치게 아끼거나 마음 씀씀이가 좁다.
(2) 너무 적거나 시시하고 별 볼 일 없다.

둥지를 막 벗어난 새는 서툰 날갯짓을 한 뒤에야
온전한 비행을 할 수 있습니다.
아직 어린 짐승은 헤아릴 수 없을 만큼 여러 번
먹잇감을 놓친 뒤에야 비로소 사냥에 성공합니다.
용기 없이 두려움만 앞섰다면 해낼 수 있었을까요.
무릎에 생채기가 나고 팔꿈치가 까진 뒤에야
우리는 마침내 자전거를 타고
푸른 강변을 힘차게 달릴 수 있게 됩니다.
청출어람, 때론 어깨너머로 배우고
때론 악착같이 익혀 실력을 쌓아 갑니다.
본이 될 만한 모습을 보이려 하며
미진한 부분을 진득하게 채워 갑니다.
부쩍 자란 자신을 뿌듯해하기도 하면서
배우고 성장합니다.

4 배우고 성장하기

견주다, 선의의 경쟁

"오, 생각보다 잘 봤는데!"
　└ 짝과 서로 수학 시험 점수를 대 보았어.

"뒤꿈치 든 거 티 나냐?"
　└ 친구랑 어깨를 맞대고 키를 비교해 봤어.

"야, 네가 정확히 맞혔어!"
"그 정도 가지고 뭘."
　└ 우린 아직 투표권이 없지만,
　　선거 날 누가 당선자를 맞히는지 겨뤄 봤어.

이렇게 재미로 견주다 보면
뭔가 좀 신날 때가 있어.

그렇긴 하지만 친구끼리
너무 악착같이 맞대 보는 건 좀 별로지?

견주다

「**동사**」 둘 이상의 대상이 서로 어떻게 다른지 알아보려고 대어 보다.

길고 짧은 건 대 봐야 알아.

귀감, 나에게도 이런 모습이?

"많이 아파 보이는데, 나랑 같이 보건실에 가 보자."
└ 아픈 친구를 외면하지 않고 다정히 챙겨 줬어.

'누가 휴지를 여기에 버렸지?'
└ 등교하다가 화단 옆에 떨어진 휴지를 주웠어.

'오늘 뭐 배울 차례지?'
└ 선생님이 들어오시기 전에 깔끔하게 수업 준비를 해 뒀어.

이럴 때 내 나름,
귀감이 되지 않을까 싶어.

내가 다른 애들한테
귀감이 될 만한 행동을 한 건 뭐지?

귀감

「**명사**」 거울로 삼아 본받을 만한 것.

솔선수범상을 받았어!

미진하다, 알면 알수록 어려운 일

'아, 조금만 더 나오면 좋을 텐데.'
└ 변비를 심하게 앓았는데 아주 일부만 해결됐어.

'이렇게 푸는 게 맞는 건가?'
└ 수학 문제를 풀긴 풀었는데 확실히 이해되지는 않아.

'어휴, 너무 어렵다. 이건 뭐 춤도 아니고 체조도 아니네.'
└ 걸 그룹 댄스를 2배속 빠르기로 춰 보니
 전보다 잘되지 않았어.

내 나름대로 한다고 했는데
자꾸 미진한 느낌이 드는 건 뭐지?

 부족한 느낌이 들면
좀 더 끙끙대면 되는 거겠지, 뭐.

미진하다

「**형용사**」 생각처럼 되지 않거나 제대로 끝마치지 못해 아직 부족하다.

박식하다, 모르는 게 없어

"태양계에서 가장 큰 행성인 목성은 말이야……."
　　우리 반 수학 박사인 친구가 우주 과학에 대해서도
　　모르는 게 없다는 걸 알게 됐어.

"너희는 잘 모르겠지만, 인간의 성(性)이라는 게 말이야……."
　　'안드로겐'이 어쩌고 '에스트로겐'이 어쩌고 하면서
　　성에 대해서 그럴듯하게 줄줄 얘기하는 애도 있어.

"그렇게 많은 작가의 소설을 언제 다 읽었어?"
　　영화며 소설이며 전부 섭렵하고 있는 후배를 봤어.

정말 박식하다는 생각이 들어.

그나마 내가 좀 많이 아는 건 뭐지?

박식하다

「**형용사**」두루두루 보고 듣고 배워 아는 것이 많다.

악착같이, 조금만 더 힘을 내

"헉헉, 헉헉."
　└ 학교 계주 시합에 나가서 바통을 이어받아 달리기 시작해.

'나는 졸지 않는다! 그래, 나는 졸지 않는다!'
　└ 수업 중에 졸지 않으려고 안간힘을 써.

'그래, 일단 노력해 보는 거야!'
　└ 모두가 반대해도 난 꿈을 놓지 않을 거야.

어떻게 악착같이
하지 않을 수 있겠어.

난 프로 게이머가 될 것도 아니면서
왜 주야장천 게임만 하는 거지?

악착같이

「**부사**」 어려움도 이겨 내며 모질고 끈기 있게.

어깨너머, 서당 개 삼 년이면

'아빠가 어느 버튼을 눌렀더라?'
아빠가 하듯 나도 직접 내 옷을 빨아 봐.

엄마가 요리하는 걸 보기만 하던 내가
직접 김치볶음밥을 해 먹어.

다른 사람들이 자전거 고치는 걸 보고
고장 난 자전거를 나도 직접 수리해 봐.

어떤 건 어깨너머로 배울 수도 있어.

내가 지금 틴트 같은 걸 바르는 것도
어깨너머로 배웠다고 할 수 있는 건가?

어깨너머

「**명사**」 다른 사람이 하는 것을 옆에서 보거나 듣거나 함.

진득하다, 끈기의 힘

도서관 열람실에서 화장실도 가지 않고 두 시간 넘게 책을 읽었어.

"그러니까 한 번만 더 말하면…… 끝으로 이 아빠 생각엔……."
└ 끝날 듯 끝나지 않는 아빠의 훈시를 끝까지
   짜증내지 않고 들었어.

'이제 겨우 이틀 지났잖아!'
└ 마음으로만 좋아하던 애한테 고백을 하고
   며칠째 그 애의 대답을 기다리고 있어.

진득하게 기다리다 보면 좋은 결과가 있을까?

'나한테 이런 끈기가 다 있다니!' 하는
생각이 들 때가 있어.

진득하다

「**형용사**」 (1) 사람의 성질이나 행동이 침착하고 끈기 있고 의젓하다.
(2) 잘 끊기지 않고 들러붙을 만큼 무르고 차지다.

청출어람, 나도 선생님처럼

"와, 손이 보이질 않아!"
　└ 동아리 선배처럼 나도 장구를 잘 치게 됐어.

"우리 선생님 책상 위에는 항상 시집이 있네."
　└ 국어 선생님처럼 어느덧 나도 시집을 많이 읽게 됐어.

"오, 정말 예술이야!"
　└ 음악 선생님의 피아노 연주를 들으며 감탄만 했는데
　　이제 나도 피아니스트를 꿈꾸며 실력을 쌓아 가.

'나도 청출어람 할 수 있겠지.'
하는 생각이 들어.

그래 난, 우리 선생님보다도
우리 동아리 선배보다도 멋지게 커 갈 거야.

청출어람

「**명사**」 풀로 만든 물감이 풀보다 더 푸르다는 뜻으로, 제자나 후배가 스승이나 선배보다 더 뛰어남을 빗대어 설명하는 말.

누군가 자신을 툭툭 건든다면 어떤 반응을 보일까요.
고슴도치는 몸을 웅크려 가시를 세웁니다.
스컹크는 지독한 냄새를 풍겨 자신을 지키고,
말벌은 어마어마한 침을 쏘아 댑니다.
청소년기를 지내다 보면 어이없는 의심을 받기도 하고
아무 잘못도 없이 혼이 나기도 하는데요.
속에 품고 있던 얘기를 털어놓고 나면
어쩐지 마음이 후련해지기도 합니다.
동생이나 누나 혹은 엄마 아빠나 친구와 다투고 난
다음에 먼저 사과하는 편인가요,
사과를 기다리는 편인가요.
우리는 싸우고 화해한 뒤에
더 친밀한 사이가 되고는 합니다.

싸우고 화해하기

5

결백하다, 내 말 좀 들어 봐

"네가 나 없는 데서 내 욕 했냐?"
　└ 뒤에서 연진이 험담을 했다는 오해를 샀어.

'내가 아니라 엄마가 그랬을 텐데······.'
　└ 누나 몰래 누나 휴대폰을 봤다는 의심을 받았어.

"너 체육 시간에 어디 있었어?"
　└ 우리 반 애가 잃어버린 돈을 두고
　　내가 훔친 거 아니냐고 눈총을 받았어.

분명히 말하지만
난 정말 결백하다고!

억울하게 누명을 쓰면 정말 괴로울 거야.

결백하다

「**형용사**」 행동이나 됨됨이가 올바르고 깨끗해 아무런 잘못이 없다.

눈시울, 눈물이 핑

"빨리 사과하지 않고 뭐 해?"
  └ 아무리 생각해 봐도 나는 잘못한 게 없는데
    다들 나보고 먼저 사과하라고 해.

"야, 이번 시험 완전 쉽지 않았냐?"
  └ 다른 애들은 다 시험을 잘 봤는데 나만 엉망으로 봤어.

'나는 왜 이 모양이지?'
  └ 다른 애들은 친구도 잘 사귀는데
    나만 친구 하나 없다는 생각이 들어.

이럴 땐 정말 눈시울이 붉어지겠지?

억울한 일로 눈시울 적실 일이
나한테는 생기지 않으면 좋겠어.

눈시울

「**명사**」 눈가에서 속눈썹이 난 곳.

만감, 후회되고 미안하고

"저는 진짜 가해자가 아니라니까요!"
  └ 피해자인 내가 가해자로 몰리다가
     마침내 잘잘못이 가려져 억울함이 풀렸어.

"이래도 거짓말할래?"
  └ 친구를 괴롭힌 적이 없다고 우기다가
     CCTV에 내 행동이 고스란히 찍혀 있다는 걸 알게 됐어.

'아, 진짜 이게 무슨 상황이냐.'
  └ 내가 학교 폭력에 휘말려 아빠가 학교에 오게 되었어.

온갖 기분이 한꺼번에
솟구치는 것 같아!

애들이랑 얼떨결에 다투게 돼서 밉기도 하고 후회되기도 하고 미안하기도 했던 그때 그 일이 자꾸 떠오르네.

만감

「**명사**」 자신도 모르게 솟아오르는 온갖 생각이나 느낌.

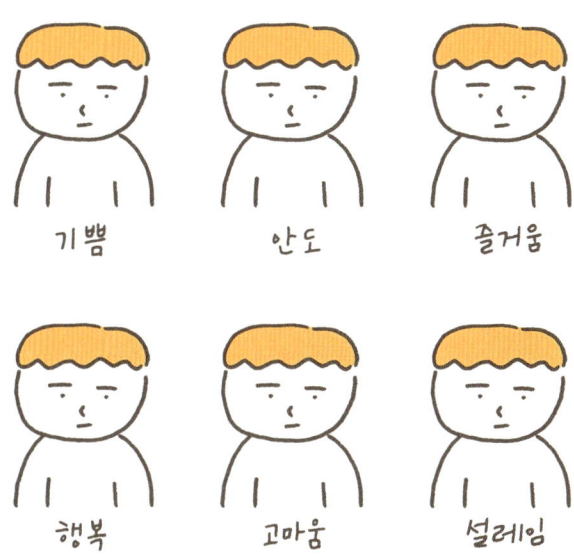

아무렇지 않은 척했지만
너랑 화해하고 나서 사실 만감이 교차했어!

만회하다,
이제 속 안 썩일게요

'이제 말썽 피우지 말아야지.'
  ㄴ 엄마 속을 썩인 게 미안해서 요새는
     방 청소도 깔끔히 하고 집에도 일찍 들어가고 있어.

"미안해. 누나가 너무 무심했지?"
  ㄴ 어린 동생을 데리고 나가 모처럼 신나게 놀아 줬어.

"조금만 참아 보자."
  ㄴ 지난달에 용돈을 많이 써서 이번 달엔 아껴 쓰려고 해.

그래, 이렇게 조금씩 만회해 가야겠지?

추락할 만큼 추락한
내 성적도 만회할 수 있으려나?

만회하다

「**동사**」돌이키거나 바로잡아서 원래 상태를 되찾다.

중간에 바통 실수가 있었지만 우리 팀이 1등으로 들어왔어!

멋쩍다, 내가 칭찬을 다 듣고

"엄마, 이거 내 마음의 선물이야!"
　└ 며칠 동안 엄마랑 말을 끊고 있다가 웃으면서 말을 텄어.

'아, 뭔가 좀 부끄럽고 쑥스럽네.'
　└ 내가 먼저 미안하다는 말을 하려고 했는데
　　 친구가 먼저 어깨를 툭 치면서 사과를 해 왔어.

"우리 문동철에게 박수 한번 쳐 주자!"
　└ 선생님이 내 행동에 대해 크게 칭찬을 해 주셨어.

어쩐지 좀 쑥스러운 것 같아.

멋쩍긴 해도
기분은 은근히 좋아질 것 같은데?

멋쩍다

「**형용사**」 자연스럽지 않고 어색해서 쑥스럽다.

바늘방석, 거짓말하다 걸려서

"우리 학교 학칙 알지?"
  └ 커닝을 하다 들켜서 담임 선생님과 상담을 해.

책 살 돈 빼돌려 게임 아이템 산 거 딱 걸렸는데
아빠가 밥부터 먹고 얘기하자고 해.

"자꾸 거짓말하면 어떻게 되는지 알지?"
  └ 물건을 훔치다 걸려 결국 경찰서까지 가게 됐어.

이럴 땐 정말
바늘방석에 앉은 기분일 거야.

앞으로는 바늘방석에 앉을 일이
더 생기지 말아야 할 텐데.

바늘방석

「**명사**」(1) 앉아 있기에 불편하고 불안한 자리를 빗대어 이르는 말.
(2) 헝겊 속에 솜을 넣어 바늘을 꽂아 두는 데 쓰는 작은 물건.

토로하다, 속 시원하게

"야, 너 같으면 안 그러겠냐?"
　└ 그동안 나를 서운하게 하던 애한테
　　　하고 싶은 말을 다 꺼내 놓았어.

"집에 왔는데 엄마 아빠가 그러고 있으면 맥이 탁 풀려요!"
　└ 엄마 아빠한테 이제 그만 싸우면 좋겠다고 말했어.

자기네들과 좀 다른 내 피부색에 대해 이러쿵저러쿵
떠들고 다니는 애들 이야기를 담임 선생님한테 털어놓았어.

낱낱이 토로하고 싶어.

계속 마음속에 품고만 있지 말고
허심탄회하게 얘기라도 한번 해 봐야 하지 않겠어?

토로하다

「**동사**」 속마음을 죄다 겉으로 꺼내어 말하다.

한결, 마음이 편해졌어

'내가 왜 괜히 시비를 걸었더랬지?'
   └ 걸핏하면 싸우던 유민이와 다시 사이좋게 지내게 됐어.

'진작 알면 좋았을걸. 나만 일방적으로 좋아한 게 아니었네.'
   └ 그 애도 처음부터 나를 좋아해 왔다는 걸 알게 됐어.

'엄마 아빠는 나 하나로도 힘들다고 하는데
우리 선생님은 우리 반 애들을 다 봐 주시잖아.'
   └ 삐딱하게만 듣던 담임 선생님 말을 새겨듣게 되었어.

마음이 한결 편안해질 거야. 그치?

잠을 푹 자고 일어나면
걱정도 한결 잦아들고 머리도 맑아져.

한결

「부사」 전보다 훨씬.

기러기는 긴긴밤을 이어 날아갑니다.
펭귄은 혹독한 추위를 끝끝내 이겨 내고
낙타는 이글거리는 사막을 뚜벅뚜벅 건너갑니다.
거미의 건축술은 대단하고
치타가 내는 속도는 경이롭습니다.
이렇듯 저마다 지닌 재능이 다르고
빛나는 모습도 제각기 다른데요.
잠재력, 나한테는 과연 어떤 재능이 숨어 있는 걸까요.
지금 나는 무얼 꿈꾸고 어떤 도전을 하기 위해
꿈틀거리고 있는 걸까요.
자화자찬, 사기충천.
그래요, 좋습니다.
나는 충분히 잘해 왔고,
무엇이든 멋지게 해낼 수 있습니다.

6

꿈꾸고 도전하기

갈고닦다, 언젠간 실력 발휘!

'엄마 아빠는 이런 요리 처음 먹어 보겠지?'
└ 요리 학원에서 배운 음식을 집에 와서 해 보았어.

'생각보다 재밌는데.'
└ 여행가를 꿈꾸며 외국어 공부에 몰두하고 있어.

'아 맞다. 코치님이 엉덩이를 너무 빼지 말랬지.'
└ 지역 예선 야구 시합을 앞두고
한 시간째 방망이를 휘두르며 스윙 연습을 해.

이렇게 갈고닦다 보면
분명 꿈이 이루어지겠지?

나도 꿈을 이루기 위해 내 나름대로 열심히 꿈틀거리고 있어.

갈고닦다

「**동사**」 꾸준히 노력해 학문이나 재주를 배우고 익히다.

좋은 원석도 갈고닦아야 보석!

고진감래,
고생 끝에 낙이 온다

'후, 화장실 가고 싶은 것도 참고 있어.'
　└ 세 시간 넘게 줄을 선 끝에 드디어 콘서트장에 입장해.

"아빠, 오늘 안에 갈 수는 있어?"
　└ 다섯 시간 넘게 걸려서 외할머니 집에 갔는데
　　 고생했다고 세뱃돈을 왕창 받았어.

'아, 그냥 내려갈까?'
　└ 다리가 후들후들 떨릴 만큼 힘들게 산을 타 정상에 닿았어.

이런 게 바로 고진감래 아니겠어?

그래, 고생 끝에 즐거움이 올지 안 올지
까짓것 좀 더 해 보는 거지 뭐.

고진감래

「**명사**」 쓴 것 다음에는 단 것이 온다는 뜻으로, 고생 끝에 즐거움이 있음을 이르는 말.

과부하, 내 마음 작동 오류

"야, 코딱지 세게 파다 그렇게 된 거 아니냐?"
　└ 미친 듯이 시험공부를 하다가 코피까지 흘렸어.

'아, 한계점을 이미 지났어!'
　└ 엄마한테 계속 잔소리를 듣다가 폭발해 버렸어.

'이것까지도 내가 해야 해?'
　└ 모둠 발표 준비하는데 이 일 저 일 혼자 다 하려다가
　　 주저앉아 울고 말았어.

과부하에 걸렸을 땐
휴식이 필요해!

나야말로 공부 과부하에 걸려서
자꾸 나른해지고 졸리고 그러는 거 아닌지 모르겠어.

과부하

「**명사**」할 일이나 부담이 너무 많은 상태.

모색하다, 난 무엇이 될까

어른이 되어 무슨 일을 하며 살면 행복할까 생각해 봐.

'더 늦기 전에 나도 꿈을 꿔야겠어.'
　┗ 아무 생각 없이 하루를 보내던 내가 진지하게 꿈을 고민해.

'방법이 잘못됐나?'
　┗ 달달 외우기만 하던 공부 방식을 바꿔 보고 싶어.

열심히 길을 모색하다 보면
분명 꿈이 이루어지겠지?

근데 이성 친구는
뭘 어떻게 모색해야 생기는 걸까?

모색하다

「**동사**」 이리저리 생각해서 방법이나 길을 찾다.

몰두하다, 초집중!

"난 게임엔 별로 관심 없어."
　└ 좋아하는 뮤직비디오 하나만 반복 재생해서 보고 있어.

"이거 시험에 나올지도 모르니까 집중해서 들어라."
　└ 시험을 앞두고 선생님의 설명에 바짝 귀를 기울여.

'어떤 걸 보여 줘서 깜짝 놀라게 할까?'
　└ 과학 경진 대회에 나가서 정신을 초집중해.

뭔가에 몰두해 있다 보면
나를 부르는 소리조차
들리지 않을 때가 있어.

근데 나는 요새 왜 자꾸
성(性)적인 거에만 몰두하게 되는 거지?

몰두하다

「**동사**」 한 가지 일에 정신을 쏟으며 집중하다.

사기충천, 하늘을 날 것 같은 기분

"내가 분명 나올 거 같다고 했지?"
    ㄴ 예상 문제로 점찍었던 문제가 진짜로 시험에 나왔어.

"선생님, 제가 도망 안 가고 공부 열심히 하는 거 보셨죠?"
    ㄴ 상담 선생님한테서 "네가 달라질 걸 믿고 있었어."라는
       말을 들었어.

'내가 이 정도라니!'
    ㄴ 먼 거리에서 힘껏 찬 공이 상대편 골대를 흔들며 골인됐어.

나, 너무 사기충천된 거 아닌지 몰라.

'프로 게이머' 같다는 애들 말에 사기가 올라
미친 듯이 게임을 한 적도 있어.

사기충천

「**명사**」 몸과 마음의 기운이 하늘을 찌를 것처럼 높음.

날아갈 것 같은 기분!

자화자찬,
충분히 잘하고 있으니까

'네가 왜 거기에 들어가 있니?'
  ㄴ 내가 그린 내 모습이 진짜 나랑 똑같아 보여.

'어, 아빠가 언제 왔지?'
  ㄴ 아빠가 온 줄도 모르고 집중해서 인터넷 강의를 들었어.

"선생님, 제 발표에 감탄해서 눈을 지그시 감고 계시는 거죠?"
  ㄴ 오늘 수업에서 발표 내용도, 내 모습도 완벽했던 것 같아.

이럴 때 자화자찬하지 않을 수 있겠어?

'아, 이게 뭐야.' 하지 말고 '그래, 잘하고 있어.' 하면서
나 자신을 좀 더 칭찬해 줘야겠어.

자화자찬

「**명사**」 자기가 그린 그림을 스스로 칭찬한다는 뜻으로, 자신의 행동에 대해 스스로 뿌듯해하고 칭찬함을 이르는 말.

잠재력, 나한테 재능이 있다고?

"야, 너는 개그맨 해도 되겠어."
　내가 무슨 말을 할 때마다 애들이 책상을 치며 웃곤 해.

'수행 평가 때문에 처음 해 보는 건데.'
　우리 반 애들이랑 처음 탁구 시합을 했는데 내가 다 이겼어.

무심코 아이돌 댄스를 따라 하다가
내가 춤에 재능이 있다는 걸 발견했어.

잠재력이 보이는 것 같아.

 좀 더 진지하게 내 적성과 꿈을 찾아봐야겠어.

잠재력

「**명사**」 아직 겉으로 드러나지는 않지만 속에 분명히 숨어 있는 힘.

강에서 태어난 연어는 바다를 향해 나아갑니다.
연어는 마냥 고즈넉하고 평화로운 세상만 만나게 될까요.
왈칵하는 밤이 없었다면, 너와 나는
밤하늘을 올려다보지 않았을지도 모릅니다.
반짝반짝 번져 오는 눈가의 물별을
손등으로 닦아 내며 뜨거워지던 밤이 없었다면,
지금처럼 깊고 넓은 시선으로
세상을 바라보지 않았을지도 모릅니다.
비록 더더 보일지도 모르지만
언제나 자신이 낼 수 있는 최대한의 속도로
나아가고 있는 너와 나에게,
그리고 '내 곁의 모든 나에게',
응원을 보내기도 하면서
높고 푸른 세상을 신나게 열어 가면 좋겠습니다.

7 세상과 만나기

각축, 누가 이기려나

"어, 막상막하다!"
　└ 쉬는 시간에 둥글게 모여 누가 팔 힘이 센지 겨뤄 보았어.

'월드컵은 몇 년에 한 번 열리지?'
　└ 우리나라 축구 대표 팀이 외국 대표 팀과
　　팽팽한 실력으로 평가전을 치렀어.

'나 같으면 누굴 찍을까?'
　└ 선거에 나온 후보자들이 교차로를 사이에 두고 서서
　　큰 소리로 유세하는 모습을 보았어.

반칙을 하지 않는 각축은 흥미진진해.

경쟁에서 부정한 방법으로 이기려고 하는 건 부끄러운 일이야.

각축

「**명사**」 서로 이기려고 힘을 겨뤄 다툼.

고즈넉하다, 혼자만의 시간

'얼마 만에 올려다보는 거지?'
└ 운동장 스탠드에 팔베개를 하고 누워
　맑고 파란 가을 하늘을 바라봐.

물안개가 피는 호수를 건너다보며 잠시 앉아 있기로 해.

'여기선 별이 잘 보이네.'
└ 시골 이모네 집 마당에서 뭇별을 올려다봐.

고즈넉한 풍경을 바라보면
마음도 한결 편안해지는 것 같아.

내 마음한테도 가끔은 고요하고 편안한 시간을 선물해 주고 싶어.

고즈넉하다

「**형용사**」 한가하고 조용하며 아늑하다.

기품, 이제 어린애가 아니니까

욕을 해 오는 친구에게 똑같이 욕으로 맞서지 않고
잘못된 점을 차분하게 얘기해.

'좀 피곤해도 일어나는 게 좋겠어.'
　└ 모처럼 버스 빈자리에 앉았지만 어르신께 자리를 양보해.

폭설을 맞으면서도 굳건하게 서 있는 아름드리나무를 봐.

이럴 땐 정말
어떤 기품 같은 게 느껴지지 않아?

내가 기품을 잃게 되면
내 품격도 거품처럼 가벼워 보일 거야.

기품

「**명사**」 예술 작품이나 사람에게서 드러나는 훌륭하고 수준 높은 품격.

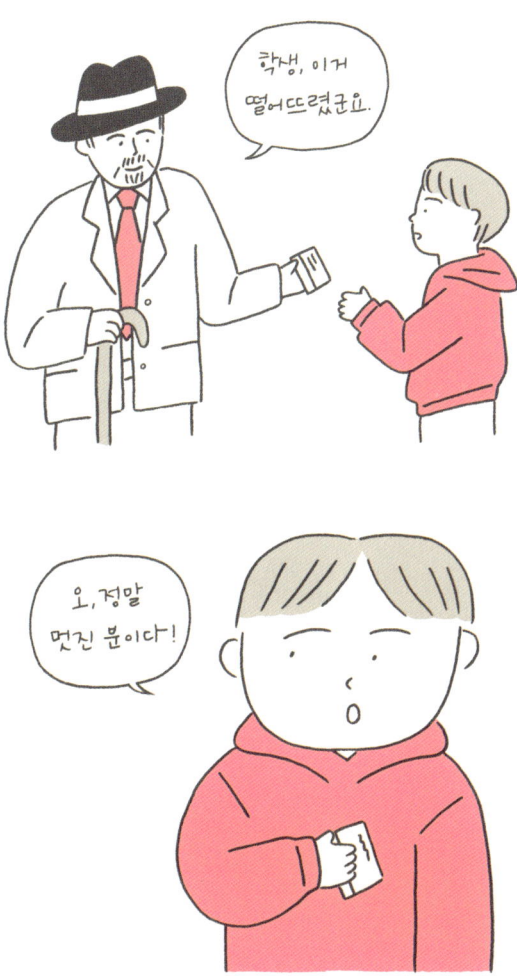

매료되다,
이렇게 좋은 음악이?

'내가 이런 음악을 다 듣게 되다니.'
 ┗ 우연히 듣게 된 클래식 음악에 빠져들었어.

'어쩌면 저렇게 운동 신경이 좋을 수가 있지?'
 ┗ 운동이라면 뭐든 잘하는 동훈이를 보면 놀라울 따름이야.

'이 작가의 다른 책은 뭐가 있지?'
 ┗ 새로 나온 청소년소설이 너무 재밌어서 푹 빠져 읽었어.

한번 매료되면
빠져나오기 힘들겠지?

사실 요새 나 있잖아.
힙합 동아리 선배에게 푹 빠져 살고 있어. 크.

매료되다

「동사」 홀린 듯 마음을 빼앗기고 사로잡히다.

몰지각, 너무하는 거 아니에요

'아, 계속 거슬리네.'
ㄴ 영화관에서 아무렇지 않게 휴대폰 통화를 하는 사람을 봤어.

'늦게 왔으면 늦게 입장해야 되는 거 아냐?'
ㄴ 줄을 선 사람들 사이로 몰래 새치기하는 사람을 봤어.

'정말이지 해도 해도 너무하네.'
ㄴ 텔레비전 시사 프로그램에 동물을 학대하는 사람이 나와.

어떻게 이런 몰지각한 행동을
아무렇지 않게 할 수 있는 거지?

최소한의 예의도 지키지 않는 사람과는 정말 가까이 지내고 싶지 않아.

몰지각

「**명사**」 세상 물정에 대해 옳고 그름을 가리거나 깨달아 아는 능력이 전혀 없음.

문외한, 모르는 게 잘못은 아니지만

'난 뭐가 뭔지 하나도 모르겠어.'
　└ 고모의 성화에 못 이겨 따라간 뮤지컬 공연장에서
　　 꾸벅꾸벅 졸기만 하다 나왔어.

'내가 아는 가수는 하나도 없네.'
　└ 팝송을 좋아하는 친구와 함께 이런저런 노래를 들었어.

'정치 철학은 또 뭐야?'
　└ 대학생이 된 누나가 보는 책을 우연히 펼쳐 봤어.
　　 '그야말로 검은 건 글씨군.'

이럴 때 너 같으면 문외한이라는
생각이 들지 않겠어?

교양을 좀 쌓으려면 아무래도
다방면으로 책을 많이 봐 둬야 할 것 같아.

문외한

「**명사**」 어떤 일에 대해 전문적으로 알지 못하는 사람.

소신, 믿고 실천할 거야

"어리다고 자꾸 무시하지 마세요!"
└ 그동안 참아 왔던 말을 당당하게 얘기했어.

길가 쓰레기통에서 연기가 피어오르는 걸 보고
그냥 지나치지 않고 119에 신고 전화를 했어.

정치인들이 서로를 비방하기만 하는 모습을 보고
나는 나중에 더 좋은 대표자를 뽑아야겠다고 결심해.

이럴 때 참 소신 있어 보이지?

난 소신 없이 막 흔들리지 않을 거야.

소신

「**명사**」 굳게 믿거나 생각하는 바.

왈칵, 감동의 순간

아무도 내 생일을 모르는 줄 알았는데
친구들이 나 몰래 생일 파티를 준비해 열어 줬어.

"괜찮아. 다음에 잘 보면 되지."
　└ 시험을 망치고 집에 온 나를 엄마가 꼭 안아 줬어.

'이런 세상은 어떨까?'
　└ 춥고 배고픈 사람이 없는 세상을 마음속으로 꿈꿔 봤어.

너 같아도 왈칵 눈물이 날 것 같지?

그래, '슬픈 눈물'이 아니라
'기쁜 눈물'을 흘릴 일이 많았으면 좋겠다!

왈칵

「부사」(1) 뜨거운 감정이나 기운이 갑자기 한꺼번에 치밀어 오르는 모양.
(2) 어떤 일이나 행동이 갑작스럽게 벌어지는 모양.
(3) 눈물이나 액체, 물건이 갑자기 많이 쏟아지는 모양.

탐욕, 욕심은 이제 그만

'떡볶이 먹고, 치킨 먹고, 피자 먹고. 아, 그래도 밥은 먹어야지.'
└ 배가 부른데도 계속해서 음식을 먹고 말았어.

'저 애 폰에는 새로운 기능이 있네. 나도 당장 바꿔야겠어.'
└ 겨우 두 달 전에 스마트폰을 바꿨는데 새걸 사고 싶어졌어.

'어른들은 대체 왜 저러지?'
└ 아파트 앞에 사회 복지 시설이 들어오는 걸
 극구 반대하는 사람들 기사를 읽었어.

이렇게 함부로 탐욕을 부리다간
망하기 일쑤겠지?

뭐든 지나치게 욕심을 부리다 보면
언젠가는 큰 탈이 나고 말 거야.

탐욕

「**명사**」 너무 많은 것을 가지려고 하는 지나친 욕심.

평화, 우리가 함께 만드는 거야

'이제 나도 달라질 거야.'
└ 약한 애들한테 시비나 걸던 내가
　 마음을 다잡고 새로 시작해.

거의 매일 술을 마시던 아빠가
술을 딱 끊고 멋진 아빠로 돌아와.

서로 대립해 싸우는 전쟁이 얼마나 끔찍하고 무서운지 알게 돼.

곧, 시작된다. 평화는!

오늘부터 나도 엄마 아빠와
전쟁 끝! 평화 시작!

평화

「**명사**」(1) 큰 걱정 없이 서로 정답고 즐겁게 지냄.
(2) 전쟁이나 갈등이 벌어지지 않고 편안하고 조용함.

평화를 꿈꿔요.

사춘기 성장 사전

초판 1쇄 발행 • 2019년 11월 25일
초판 8쇄 발행 • 2022년 12월 5일

글쓴이 • 박성우
그린이 • 애슝
펴낸이 • 강일우
책임편집 • 김영선
조판 • 박지현
펴낸곳 • (주)창비
등록 • 1986년 8월 5일 제85호
주소 • 10881 경기도 파주시 회동길 184
전화 • 031-955-3333
팩시밀리 • 영업 031-955-3399 편집 031-955-3400
홈페이지 • www.changbi.com
전자우편 • ya@changbi.com

ⓒ 박성우, 애슝 2019
ISBN 978-89-364-4756-4 74710
      978-89-364-4754-0 (세트)

* 이 책 내용의 전부 또는 일부를 재사용하려면
  반드시 저작권자와 창비 양측의 동의를 받아야 합니다.
* 책값은 뒤표지에 표시되어 있습니다.